BEI GRIN MACHT SICH IHR WISSEN BEZAHLT

- Wir veröffentlichen Ihre Hausarbeit,
  Bachelor- und Masterarbeit

- Ihr eigenes eBook und Buch -
  weltweit in allen wichtigen Shops

- Verdienen Sie an jedem Verkauf

Jetzt bei www.GRIN.com hochladen und kostenlos publizieren

David Frieten

Der Begriff "Erziehung"

GRIN Verlag

Bibliografische Information der Deutschen Nationalbibliothek:

Die Deutsche Bibliothek verzeichnet diese Publikation in der Deutschen National-
bibliografie; detaillierte bibliografische Daten sind im Internet über http://dnb.d-
nb.de/ abrufbar.

Impressum:

Copyright © 2011 GRIN Verlag GmbH
Druck und Bindung: Books on Demand GmbH, Norderstedt Germany
ISBN: 978-3-656-57572-6

Dieses Buch bei GRIN:

http://www.grin.com/de/e-book/233549/der-begriff-erziehung

GRIN - Your knowledge has value

Der GRIN Verlag publiziert seit 1998 wissenschaftliche Arbeiten von Studenten, Hochschullehrern und anderen Akademikern als eBook und gedrucktes Buch. Die Verlagswebsite www.grin.com ist die ideale Plattform zur Veröffentlichung von Hausarbeiten, Abschlussarbeiten, wissenschaftlichen Aufsätzen, Dissertationen und Fachbüchern.

Besuchen Sie uns im Internet:

http://www.grin.com/

http://www.facebook.com/grincom

http://www.twitter.com/grin_com

Universität Rostock
Philosophische Fakultät
Institut für Schulpädagogik
SoSe 2011
Vorlesung: Einführung in allgemeindidaktisches Denken
Name: David Frieten

Begriffsklärung „Erziehung"

Der Begriff „Erziehung" unterliegt zahlreichen Deutungen und Definitionen. Eine allumfassende Begriffsbestimmung ist durch das Vorhandensein zahlloser Interpretationsmöglichkeiten der „Erziehung" unmöglich zu realisieren.[1] Herkömmliche Lexika, etwa der Brockhaus, welcher Erziehung als „ Unterstützung und Förderung des heranwachsenden Menschen, die ihn in seiner geistigen und charakterl[ichen] Entwicklung befähigen soll, sich sozial zu verhalten und als selbstständiger Mensch eigenverantwortlich zu handeln" [2] beschreibt, beleuchten häufig nur einen Aspekt dieses komplexen Begriffs. Ziel dieses Essays ist es daher, auf weitere Perspektiven des Erziehungsbegriffs einzugehen und die soziologische, psychologische und pädagogische Sichtweise auf die „Erziehung" vorzustellen.

Die Soziologin Ellen Diederich, welche den soziologischen Aspekt des Begriffs „Erziehung" beleuchtet, definiert diesen nicht direkt, sondern beschreibt mehrere Formen der Erziehung. So unterscheidet sie zwischen formaler und informaler, funktionaler und intentionaler, kompensatorischer und permanenter Erziehung. Formale Erziehung definiert sie als „ Erziehungsprozesse, die innerhalb des geplanten Funktionsbereichs von Erziehungsinstitutionen ablaufen"[3]. Erziehungsprozesse außerhalb dieser Institutionen bezeichnet Diederich als informale Erziehung. Funktionale Erziehung umschreibt die Soziologin als „ die Gesamtheit der persönlichkeitsprägenden Einflüsse, denen das Kind in seiner sozialen Umgebung unterliegt, ohne daß [sic] diese immer erzieherisch beabsichtigt sein müssen"[4]. Alle Einflüsse, die bewusst erzieherisch wirken, vor allem von Bildungsinstitutionen ausgehend, werden unter dem Begriff intentionale Erziehung verstanden [5].

---

[1] Vgl.: Kron, Friedrich W.: Grundwissen Pädagogik. 7. Auflage, München 2009, S. 44.
[2] Siehe: Brockhaus Enzyklopädie. 9. Auflage, Leipzig 2000, S. 253.
[3] Siehe: Fuchs, Werner u.A. (Hrsg): Lexikon zur Soziologie, Reinbeck 1975, S. 181.
[4] Siehe: ebd., S. 181.
[5] Vgl.: ebd., S. 181.

Kompensatorische Erziehung sei laut Diederich

> „die Erziehungsbemühungen innerhalb und außerhalb der Ausbildungsinstitutionen, durch die
> Kindern aus der Arbeiterklasse, die auf Grund familiärer Erziehung und klassenspezifischer
> Lebenslage in Sprachverhalten und Lernmotivation weniger [...] entwickelt sind, ausgleichende
> Lernmöglichkeiten gesichert werden sollen."[6]

Die permanente Erziehung umschreibt sowohl die Lernvorgänge welche der erwachsene
Mensch seit seiner Geburt sowohl in Ausbildungsinstitutionen, sowie in der Gesellschaft
vollzogen haben, als auch die Fortbildungen in der Erwachsenenbildung, „die der beruflichen
Weiterqualifizierung der Arbeitskraft und der Erweiterung der Allgemeinbildung dienen" [7]

In der Psychologie versteht man unter Erziehung die „Einwirkung auf die Persönlichkeit eines
anderen Menschen [welche,] im Unterschied zur [Führung], eine Einwirkung auf eine
Verhaltensweise bedeutet"[8].   Sie erklärt somit beispielsweise das Vorhandensein der
funktionalen Erziehung, welche aus der erzieherischen Wirkung von alltäglichen Erfahrungen
hervorgeht und somit der Sozialisation ähnelt[9]. Diese Form der Erziehung ist: „das Ergebnis
aus unbewusst aufgebauten Reiz-Reaktionsmustern, aus Identifikationen mit erfolgreichen,
[...] für das eigene Wohl wichtigen Modellpersonen [...] und aus positiven Verstärkern für
richtiges und negativen Sanktionen für falsches Verhalten"[10]

Die Pädagogik liefert die umfangreichsten Definitionen für den Begriff der Erziehung. Sie
geht zunächst der Frage nach, ob der Mensch erziehbar ist.[11] Die Antworten zu dieser Frage
sind verschiedener Natur, lassen sich aber bereits in den Klassikern finden. So beschrieb der
Philosoph Immanuel Kant, dass „ der Mensch [...] nur Mensch werden [kann] durch
Erziehung. Er ist nichts, als was die Erziehung aus ihm macht"[12]. So geht Kant davon aus,
dass jedes Kind, bevor es eigene Erfahrungen gemacht hat, über eine „sittliche [...] Fähigkeit"
[13] verfügt. Da sich diese Fähigkeit nicht von Natur aus weiterentwickele, müssen die Eltern
dafür sorgen, dass sie das Kind zu einem sittlich handelnden Menschen erziehen. Somit ist
Erziehung für Kant das Mittel um ein von Natur aus gutes Kind, mit Hilfe einer „geschützten

---

[6] Siehe: Fuchs: Lexikon zur Soziologie, S.182.
[7] Siehe: ebd., S. 182.
[8] Siehe: Petersen, Jörg; Reinert, Gerd-Bodo (Hrsg.): Psychologisches Grundwissen für Schule und Beruf. Ein
Wörterbuch, Donauwörth 1996, S. 124.
[9] Vgl: Schaub, Horst; Zenke, Karl G.: Wörterbuch Pädagogik, München 2007, 209ff.
[10] Siehe: ebd., S. 210.
[11] Vgl: Hörner, Wolfgang; Drinck, Barbara; Jobst, Solvejg: Bildung, Erziehung, Sozialisation. 2. Auflage,
Opladen 2010, S. 75.
[12] Zitiert nach: ebd., S. 75.
[13] Siehe: ebd., S. 77.

Form der Interaktion zwischen Erziehern und Kind [...]"[14] zu einem ebenfalls guten Menschen werden zu lassen. [15]

Der ehemalige Pädagogikprofessor Dr. Friedrich W. Kron definierte Erziehung als „die bewusste und/oder geplante Beeinflussung von Personen, insbesondere von Heranwachsenden"[16] Er betont jedoch auch, dass es sich bei Erziehung um einen sozialen Prozess, um eine Tätigkeit des Erziehers und um eine symbolische Interaktion handelt.[17] In Hinblick auf die Bedeutung als symbolische Interaktion legt Kron eine sehr umfassende pädagogische Definition von dem Begriff Erziehung vor:

> Erziehung [ist] ein [...] aufeinander bezogenes gegenseitiges soziales Handeln oder ein Prozess Symbolischer Interaktion zwischen mindestens zwei Personen – im Regelfall einer älteren, wissenderen oder kompetenteren Person und einer jüngeren, weniger wissenden oder noch nicht kompetenten – in welcher es um die gegenseitige Aufhellung und Aufklärung von Rollen, Positionen und Wertorientierungen, Normen, Intentionen und Legitimationen des sozialen Handelns und des diesen mitbedingenden sozialen und gesellschaftlichen Feldes geht"[18]

Jedoch muss die Erziehung stets als Versuch angesehen werden, der nur für einen Zeitraum in der Existenz des Zöglings wirkt. Zudem besitzt jedes Individuum eine eigene Identität, kann also aus bestimmten Erziehungsmitteln auswählen, sie verwerfen, annehmen oder abändern, sodass bereits die Begegnung und der Umgang mit dem Erziehungsmittel eine Erziehung sein kann.[19]

---

[14] Siehe: Oelkers, Jürgen: Erziehung, S. 248. In: Andresen, Sabine u.A (Hrsg.).: Handwörterbuch Erziehungswissenschaft, Weinheim und Basel 2009, S. 248 – 261.
[15] Vlg.: Hörner; Drinck; Solvejg: Bildung, Erziehung, Sozialisation, S. 77.
[16] Siehe: Kron: Grundwissen Pädagogik, S. 49.
[17] Vgl. ebd., S. 46.
[18] Siehe: ebd., S. 47.
[19] Vgl. Schaub; Zenke: Wörterbuch Pädagogik, S. 209ff.

Literaturliste:

Andresen, Sabine u.A. (Hrsg.): Handwörterbuch Erziehungswissenschaft, Weinheim und Basel 2009.

Brockhaus Enzyklopädie. 9. Auflage, Leipzig 2000.

Fuchs, Werner u.A. (Hrsg): Lexikon zur Soziologie, Reinbeck 1975.

Hörner, Wolfgang; Drinck, Barbara; Jobst, Solvejg: Bildung, Erziehung, Sozialisation. 2. Auflage, Opladen 2010.

Kron, Friedrich W.: Grundwissen Pädagogik. 7. Auflage, München 2009.

Petersen, Jörg; Reinert, Gerd-Bodo (Hrsg.): Psychologisches Grundwissen für Schule und Beruf. Ein Wörterbuch, Donauwörth 1996.

Schaub, Horst; Zenke, Karl G.: Wörterbuch Pädagogik, München 2007.